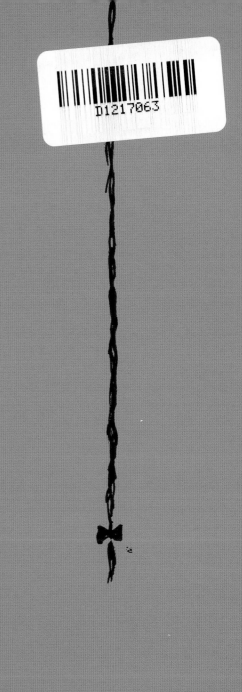

Amicus Illustrated is published by Amicus
P.O. Box 1329, Mankato, MN 56002
www.amicuspublishing.us

This library-bound edition is reprinted by arrangement with Chronicle Books LLC,
680 Second Street, San Francisco, California 94107.

First published in the United States in 2006 by Chronicle Books LLC.

Bilingual version supervised by SUR Editorial Group, Inc.
English translation by Elizabeth Bell.
Book design by Karyn Nelson.
Typeset in Weiss and Handle Old Style.

Library of Congress Cataloging-in-Publication Data
Bofill, Francesc.
 [Rapunzel. English & Spanish]
 Rapunzel = Rapunzel / by the Brothers Grimm ; adaptation by Francesc Bofill ; illustrated by Joma.
     p. cm. — (Bilingual fairy tales)
 "Originally published in Catalan in 1998 by La Galera, S.A. Editorial."
 Summary: A beautiful girl with extraordinarily long golden hair is imprisoned in a lonely tower by a witch.
 ISBN 978-1-60753-360-3 (library binding)
 [1. Fairy tales. 2. Folklore—Germany. 3. Spanish language materials—Bilingual.]
 I. Joma, ill. II. Grimm, Jacob, 1785-1863. Rapunzel. III. Title.
 PZ73.B625 2014
 398.2—dc23
 [E]   2012041714

Printed in the United States of America at Corporate Graphics Inc, North Mankato, Minnesota.
1-2015/PO1239
10 9 8 7 6 5 4 3 2

RAPUNZEL

RAPUNZEL

BY THE BROTHERS GRIMM
ADAPTATION BY FRANCESC BOFILL
ILLUSTRATED BY JOMA

There once was a couple who wished for a child but were unable to have one.

They lived in a little house across from a lovely garden that was surrounded by a high wall. The garden was filled with gorgeous flowers and vegetables, but no one dared to enter it because it belonged to a fearsome witch.

One day the woman spied some radishes in the garden that were so red and plump she wanted to eat them up. And because she could not go near them, the woman grew sad.

"What's wrong, my dearest?" asked her husband.

"I long for those fine radishes in the witch's garden!" said the woman. "If I can't have some, I'll die!"

Her husband, who loved her very much, didn't hesitate for an instant. He climbed over the wall, pulled up a bunch of radishes, and presented them to his wife.

~

Érase una vez un hombre y una mujer que deseaban tener un hijo pero no podían conseguirlo.

Vivían en una casita desde donde se divisaba un precioso jardín, rodeado por un muro muy alto. El jardín estaba lleno de bellísimas flores y plantas, pero nadie se atrevía a entrar en él porque pertenecía a una terrible bruja.

Un día la mujer vio en el jardín unos rábanos tan rojos y lozanos que le entraron ganas de comérselos. Pero como no podía tocarlos se puso muy triste.

—¿Qué te pasa, cariño mío? —preguntó su marido.

—¡Ay! —respondió la mujer—. Anhelo comer aquellos bonitos rábanos del jardín de la bruja. Si no puedo comerlos, me moriré.

El hombre, que la quería mucho, no dudó ni un instante. Se encaramó al muro, arrancó un puñada de rábanos y los entregó a su mujer.

The woman enjoyed the radishes so much that the next day she wanted more. So her husband once again climbed over the wall. But as he reached the top, he turned pale with fear. Right there stood the witch!

"How dare you enter my garden and take my radishes!" exclaimed the witch.

"Have pity on me," the man replied. "My wife has such a longing for them that without them she will die."

"If that is so," said the witch, "you may take as many as you like. But there is one condition. You must give me your first-born child."

The man was taken by surprise, but since he and his wife were unable to have children, he agreed.

Tanto le gustaron los rábanos a la buena mujer, que al día siguiente volvió a tener ganas de comerlos. Y su esposo volvió a trepar el muro. Pero cuando llegó a lo alto del muro, palideció de miedo. ¡Allí lo esperaba la bruja!

—¿Cómo te atreves a entrar en mi jardín para llevarte mis rábanos? —exclamó la bruja.

—Tenga piedad de mí —replicó el hombre—. Los he cogido porque mi mujer tiene tantas ganas de comerlos que se morirá si no puede hacerlo.

—Si es así —repuso la bruja—, llévate todos los rábanos que quieras. Sólo te pongo una condición. Que me entregues el primer hijo que tengan.

El hombre se sorprendió mucho, pero como no esperaba tener descendencia, accedió a su petición.

After a time, as though by magic, the couple discovered that they were going to have a child. When their baby girl was born, the witch took her away and named her Rapunzel.

Rapunzel was the loveliest little girl in the world, with hair as fine as gold thread. When she reached the age of twelve, the witch, who wanted to keep her all to herself, shut her up in a tall tower in the middle of the woods. The tower had no door and no staircase, only a window at the very top. When the witch wished to enter the tower, she called from below:

Rapunzel, Rapunzel, let down your hair!

Then Rapunzel would uncoil her long golden braid and throw it down from the window so the witch could climb up.

⁓

Al cabo de poco tiempo, como por arte de magia, la pareja descubrió que iban a tener un bebé. Y cuando les nació una preciosa niña, se presentó la bruja, puso a la pequeña el nombre de Rapunzel, y se la llevó.

Rapunzel era la niña más bonita del mundo, con cabellos tan finos como hilos de oro. Cuando cumplió doce años, la bruja, que la quería sólo para ella, la encerró en una torre muy alta en medio del bosque. La torre no tenía puerta ni escalera, sólo una ventanita en la parte superior. Cuando la bruja quería entrar en la torre, gritaba desde abajo:

Rapunzel, Rapunzel,
¡echa la trenza por el dintel!

Entonces Rapunzel se desenrollaba la trenza y la dejaba caer desde la ventana, para que la hechicera subiese por ella.

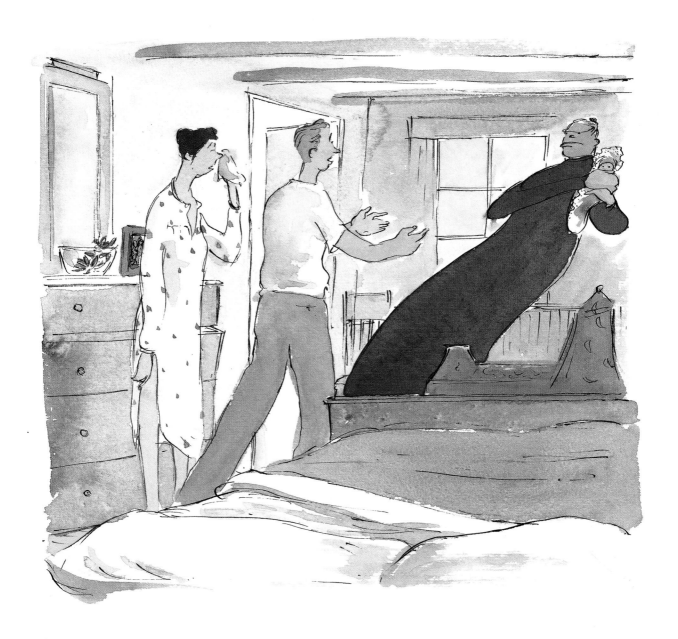

Several years passed and Rapunzel grew into a charming young woman.

One day, the king's son was out riding in the woods and heard a sound so enchanting that he stopped to listen. It was Rapunzel, singing in her tower.

"I must meet this girl," the prince said to himself. But when he reached the tower, he could find no door. He tried to climb the sheer wall, but failed. Saddened, he returned to his palace.

———

Así pasaron unos cuantos años y Rapunzel se convirtió en una jovencita encantadora.

Un día el hijo del rey, mientras cabalgaba por el bosque, oyó un canto tan melodioso que se detuvo a escucharlo. Era Rapunzel, cantando en su torre.

—Tengo que conocer a esa muchacha —se dijo el príncipe. Pero cuando llegó a la torre y buscó la puerta, no la encontró en ninguna parte. Intentó subir por el muro, pero no lo consiguió. Muy triste, regresó a su palacio.

But Rapunzel's melodious voice had moved the prince so deeply that he returned to the woods every day to listen to her sing. Finally, one day, he saw the witch come to the tower and call up to the window:

Rapunzel, Rapunzel, let down your hair!

He saw Rapunzel's braid come tumbling down and watched the witch climb up and crawl through the window.

The prince decided to try it himself. So the next day when he arrived at the tower he called out:

Rapunzel, Rapunzel, let down your hair!

Pero tanto lo había conmovido el dulce canto de Rapunzel, que cada día el príncipe regresaba al bosque para escuchar su melodiosa voz. Por fin, un día vio llegar a la bruja y oyó que gritaba en dirección a la ventana de la torre:

Rapunzel, Rapunzel,
¡echa la trenza por el dintel!

Entonces vio caer la trenza y cómo la bruja subía por ella.

El príncipe decidió probarlo él mismo. Al día siguiente, cuando llegó a la torre, gritó:

Rapunzel, Rapunzel,
¡echa la trenza por el dintel!

And immediately the braid was let down and the prince climbed up and crawled through the window. At the sight of the prince, Rapunzel was frightened, but he said to her in a gentle, loving voice, "Your singing is so enchanting that from the time I first heard it I knew I must meet you."

Rapunzel smiled, and the prince, now madly in love, continued, "Please say you will marry me. I am the son of the king, and you will be my princess."

Rapunzel placed her hand in the prince's and said, "I would happily marry you, but I am unable to leave this tower. However, if each time you come to see me you will bring me a long piece of silk thread, I will weave the thread into a rope that I can climb down."

Al instante cayó la trenza y el príncipe subió hasta la ventana. Al ver al príncipe, Rapunzel se asustó mucho, pero él le dijo con voz dulce y cariñosa:

—Tu canto me cautivó tanto que desde que lo oí he anhelado verte.

Rapunzel le sonrió, y el príncipe, ya locamente enamorado, prosiguió:

—Te ruego que aceptes casarte conmigo. Soy el hijo del rey y tú serás mi princesa.

Rapunzel puso su mano sobre la del príncipe y le dijo:

—De buena gana me casaría contigo, pero no puedo bajar de la torre. Sin embargo, si cada vez que vengas a verme, me traes un poco de hilo de seda, tejeré una cuerda con la cual podré bajar y me iré contigo.

The prince agreed, and every evening he brought her a piece of silk thread. The witch knew nothing of all this until one day Rapunzel said without thinking,

"Why are you so much slower than the prince? When I let down my hair for him, he is here by my side in an instant."

"You shameless girl!" exclaimed the witch in a fury. "I thought I had kept you apart from the rest of the world, but you have tricked me!"

In a blind rage, she snatched up a pair of scissors and, *snip, snip, snip,* cut off Rapunzel's golden braid.

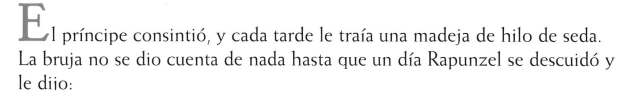

El príncipe consintió, y cada tarde le traía una madeja de hilo de seda. La bruja no se dio cuenta de nada hasta que un día Rapunzel se descuidó y le dijo:

—¿Por qué le cuesta más a usted subir a la torre que al príncipe? Cuando le echo mi trenza, él en un instante ya está a mi lado.

—¡Eres una desvergonzada! —exclamó la bruja, furiosa—. ¡Creía que te había apartado de todo el mundo, y tú me has engañado!

Ciega de rabia, empuñó unas tijeras y, *tris, tras,* le cortó la trenza dorada a Rapunzel.

The witch banished Rapunzel to a desolate desert. That evening, when the prince arrived with the final strand of silk, he called out:

Rapunzel, Rapunzel, let down your hair!

But when he climbed up the golden braid, instead of meeting his beloved, he found himself staring into the angry eyes of the witch.

"Well, well," she said, "you wished to carry off your beloved, but you have lost her for good—you will never see Rapunzel again."

La bruja abandonó inmediatamente a Rapunzel en un desierto desolado. Y por la tarde, cuando llegó el príncipe con la última madeja de hilo de seda, gritó:

Rapunzel, Rapunzel,
¡echa la trenza por el dintel!

Pero cuando subió la trenza, en lugar de su amada Rapunzel se encontró con la bruja, que lo miraba con ojos malvados y venenosos.

—Muy bien —dijo—, querías llevarte a tu amada, pero has perdido para siempre a tu Rapunzel y no la volverás a ver jamás.

Beside himself with heartache, the prince threw himself from the tower. He fell into a patch of brambles, and the sharp thorns pierced his eyes. Blind and despairing, he wandered the woods alone for many years, eating nothing but acorns and roots, and weeping for the loss of his beloved Rapunzel.

~

Fuera de sí de dolor y de pena, el hijo del rey se lanzó torre abajo. Fue a parar encima de un zarzal, y las espinas afiladas le sacaron los ojos. Ciego y triste, vagó solitario por el bosque por muchos años, comiendo nada más que bellotas y raíces, y llorando la pérdida de su amada Rapunzel.

Then one day the poor blind prince chanced upon the desert where Rapunzel was living. He heard a woman singing to two young children, and the voice sounded so familiar that he stopped in his tracks.

"Can that be you, Rapunzel?" he exclaimed.

And Rapunzel threw herself into his arms, weeping inconsolably.

~

Un día el pobre ciego fue a parar al desierto donde vivía Rapunzel. El príncipe oyó la voz de una mujer cantando a dos niñitos, y le sonó tan familiar que se detuvo.

—¿Eres tú, Rapunzel? —exclamaba.

Y Rapunzel se lanzó en sus brazos llorando desconsoladamente.

As she cried, two of Rapunzel's tears fell upon the prince's eyes and at once his sight was restored. He beheld his beloved and the two sons that had been born to them, and he exclaimed:

"Rapunzel, Rapunzel, at long last our troubles are over!"

The prince took his family to his father's palace, where they were received with the greatest of joy. And they lived happily ever after.

You may be wondering what happened to the witch. Upon hearing that Rapunzel and the prince had found such joy, the witch was so enraged that she exploded. And after that, Rapunzel's true mother could eat as many plump red radishes from the witch's garden as her heart desired.

Entonces dos lágrimas de Rapunzel cayeron en los ojos del príncipe y al instante recobró la vista. Y al contemplar a su amada y a los dos hijitos que les habían nacido, exclamó:

—¡Rapunzel, Rapunzel, por fin se han acabado nuestras penas!

El príncipe llevó a su familia al palacio de su padre, donde les recibieron con gran alegría. Y vivieron felices y comieron perdices el resto de sus días.

¿Y qué fue de la bruja?, uno puede preguntarse. Al enterarse de que Rapunzel y el príncipe eran tan felices, reventó de rabia. Y después la madre de Rapunzel pudo comer todos los sabrosos rábanos que quiso del jardín de la bruja.

Francesc Bofill i Surís has contributed his talents to numerous books for children as an author, translator, and illustrator. He specializes in translation for the movies, and also translates literary and technical texts.

Joma (Josep Rius) has an academic background in fine art but chooses to work primarily in comic strips and illustration. His work appears regularly in the Barcelona newspaper *La Vanguardia*.

Francesc Bofill i Surís ha participado en muchos libros infantiles como autor, traductor, e ilustrador. Se especializa en la traducción cinematográfica y realiza también traducciones literarias y técnicas.

Joma (Josep Rius) estudió bellas artes, pero ha orientado su trabajo mayormente hacia el humor gráfico y la ilustración. Publica regularmente sus trabajos en el periódico barcelonés *La Vanguardia*.

Also in this series:

Cinderella ✦ Beauty and the Beast ✦ The Princess and the Pea
Puss in Boots ✦ Rapunzel ✦ Rumpelstiltskin

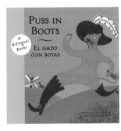  

También en esta serie:

Cenicienta ✦ La bella y la bestia ✦ La princesa y el guisante
El gato con botas ✦ Rapunzel ✦ Rumpelstiltskin